AF457471

Succession

JULES CARDANE

OBJETS DE CURIOSITÉ

TABLEAUX

CATALOGUE

DES

OBJETS D'ART

ET DE

CURIOSITÉ

Faïences, Bois et Ivoires sculptés

DE TRAVAIL PORTUGAIS

ET DES

TABLEAUX

AQUARELLES, PASTELS, DESSINS

PROVENANT DE LA SUCCESSION DE

JULES CARDANE

Secrétaire de la rédaction du *Figaro*

ET DONT LA VENTE AURA LIEU A PARIS

HOTEL DROUOT, SALLE N° 2

Le Samedi 13 Juin 1908, à 2 heures

COMMISSAIRE-PRISEUR

Me ORIGET, 3, boulevard Sébastopol, 3.

EXPERTS

Pour les Tableaux :

M. GEORGES PETIT

8, rue de Sèze, 8

Pour les Objets d'art :

MM. MANNHEIM

7, rue Saint-Georges, 7

EXPOSITION PUBLIQUE

Le Vendredi 12 Juin 1908, de 1 heure 1/2 à 5 heures 1/2

CONDITIONS DE LA VENTE

Elle sera faite au comptant.

Les adjudicataires paieront *dix pour cent* en sus des enchères.

L'exposition mettant le public à même de se rendre compte de la nature et de l'etat des objets, aucune réclamation ne sera admise une fois l'adjudication prononcée.

Paris. — Imp. Georges Petit, 12, rue Godot-de-Mauroi. — 18880-08.

Ceci n'est pas une préface : mais au moment où l'on va disperser les objets d'art anciens et modernes et les quelques dessins et tableaux que notre cher et regretté Jules Cardane avait réunis en son cabinet de travail, il convient d'expliquer ce qu'ils représentaient pour lui ; et puis, c'est encore une occasion de donner un souvenir attendri à sa mémoire.

Dans un grand journal de Lisbonne, *O Dia*, le rédacteur qui annonçait la mort de Cardane, écrivait, le 12 mai 1908 :

« Quand on entrait dans la maison de Cardane, on croyait entrer dans une maison portugaise. Il avait su réunir les plus jolis exemplaires des faïences de notre Bordallo, choisis avec le plus grand goût et un rare souci de l'art. » Il n'y avait pas que ces poteries; il y avait également des sculptures anciennes portugaises, et il les aimait, ces statuettes anciennes de bois sculpté et peint, qu'il avait rapportées de ses nombreux séjours en Portugal. Tandis que les amateurs ne se portaient pas vers l'art d'autrefois cultivé à Lisbonne et dans les provinces, lui en avait compris l'expression naïvement humaine et le décor original. L'art portugais n'eut pas, chez nous, de fervent plus renseigné; et par là s'explique toute la série de Vierges, de Saint Jean et autres figures de saints, qui va être dispersée en même temps que les faïences de Bordallo.

MM. Mannheim et Georges Petit, les experts attitrés des enchères sensationnelles, ont très aimablement accepté de présenter au public ce qui constituait le cabinet de Jules Cardane. Qu'ils en soient ici remerciés. Ils donnent à notre ami, enlevé prématurément, une marque de l'universelle estime en laquelle on le tenait : et si tous ceux qui ont mis à l'épreuve la bonté de Cardane, sa grande loyauté, son dévouement jamais lassé, son amitié jamais défaillante, si tous ceux-là sont présents aux enchères du 13 juin, il y aura une chambrée exceptionnellement brillante, et les objets, en dehors de leur valeur d'art, nous apparaîtront à tous ce qu'ils sont; les souvenirs émouvants d'un homme de goût, qui fut également un homme de cœur.

L. ROGER-MILÈS

Objets d'Art et de Curiosité

FAIENCES. — OBJETS VARIÉS

1 — STATUETTE de Bouddha en poterie japonaise.

2 — AZULEJO en ancienne faïence portugaise.

3 — BOUTEILLE en ancienne faïence portugaise.

4-9 — LOT DE FAIENCES portugaises modernes de la fabrique de Caldas. Sera divisé.

10 — DEUX VASES chinois en bronze, à décor d'oiseaux.

11 — PETITE COUPE en jade gris. Travail chinois.

12 — PETITE COUPE libatoire, en jade gris. Travail chinois.

13 — DEUX PETITES PLAQUES, en jade gris ajouré. Travail chinois.

14-16 — LOT DE MORTIERS. Sera divisé.

17-20 — HUIT MOUCHETTES variées de diverses époques, en argent et en cuivre. Seront divisées.

21-23 — LOT DE LAMPES portugaises à plusieurs becs. Sera divisé.

24 — DEUX COLLIERS portugais.

25 — BÉNITIER en verre.

26 — PÉGASE en bronze.

27 — COFFRET en fer peint, à personnages. Commencement du XVIIe siècle.

28 — COFFRET en cuivre ajouré.

29 — DEUX ÉTRIERS portugais pour les picadors.

30 — DEUX STATUETTES en albâtre : la Vierge et saint Jean l'Évangéliste. Travail portugais, XVIIe siècle.

31 — Petit groupe en albâtre : la Vierge portant l'Enfant Jésus. Travail portugais, XVIIe siècle.

32 — Maquette en plâtre de Carrier-Belleuse : Maïpo.

33 — Petit trumeau en bois doré, orné d'une gravure.

34 — Statuette en terre cuite peinte : Saint Joseph agenouillé. Travail portugais, XVIIe siècle.

35 — Groupe en terre cuite peinte et dorée : la Vierge portant l'Enfant Jésus. Travail espagnol, XVIIe siècle.

BOIS SCULPTÉS

36 — Groupe en bois sculpté, peint et doré : la Vierge assise portant l'Enfant Jésus qui tient un livre. Époque romane.

37 — Statuette d'évêque, en bois et ivoire. Travail portugais, XVIIe siècle.

38 — Statuette en bois sculpté et peint : sainte Thérèse. Travail portugais, XVIIe siècle.

39 — Statuette en bois sculpté, peint et doré : saint Antoine. Travail portugais, XVIIe siècle.

40 — Statuette en bois sculpté : moine debout. Travail portugais, xviie siècle.

41 — Figurine en bois sculpté, peint et doré: la Vierge de gloire. Travail portugais, xviie siècle.

42 — Autre plus petite : abbesse, les mains jointes.

43 — Statuette en bois sculpté, peint et doré : sainte femme debout. Travail portugais, xviie siècle.

44 — Autre, plus petite.

45 — Statuette en bois sculpté, peint et doré : saint Jean l'Évangéliste. Travail portugais, xviie siècle.

46 — Statuette en bois sculpté, peint et doré : Notre-Dame des Sept Douleurs. Travail portugais, xviie siècle.

47 — Statuette en bois sculpté et doré : Abbesse debout tenant un livre. Travail portugais, xviie siècle.

48 — Petit groupe en bois sculpté, peint et doré : la Vierge debout portant l'Enfant Jésus. Travail portugais, xviie siècle.

49 — Petit groupe en bois sculpté, peint et doré : Sainte Anne assise et la Vierge. Travail portugais, xviie siècle.

50 — Petite tête de chérubin, en bois sculpté et peint. Travail portugais, xviie siècle.

51 — Groupe de têtes de chérubins, en bois sculpté. Travail portugais, xviie siècle.

52 — Statuette en bois sculpté, peint et doré : abbesse debout, les mains jointes. Travail portugais du xviie siècle.

53 — Petit groupe en bois sculpté : la Vierge portant l'Enfant Jésus. Travail portugais du xviie siècle.

54 — Statuette en bois sculpté, peint et doré, avec mains articulées et cheveux naturels : la Vierge de gloire. Travail portugais, xviie siècle.

55 — Statuette à mi-corps de saint personnage, en bois sculpté. Travail portugais du xviie siècle.

56 — Porte de tabernacle en bois sculpté, peint et doré, présentant la figure de saint Jean-Baptiste. Travail portugais du xviie siècle.

57 — Porte de tabernacle en bois sculpté et peint : sainte Véronique. Travail portugais du XVIIe siècle.

58 — Petit groupe en bois sculpté : la Vierge portant l'Enfant-Jésus. Espagne, XVIIe siècle.

59 — Statuette de sainte femme debout, en bois sculpté. XVIIe siècle.

60 — Autre : saint Joseph, un genou à terre. XVIIe siècle.

61 — Buste-reliquaire en bois sculpté. XVIIe siècle.

62 — Groupe en bois sculpté : sainte Anne, la Vierge et l'Enfant Jésus. XVIIe siècle.

63 — Statuette d'apotre en bois sculpté du XVIIe siècle.

64 — Petit bas-relief en bois sculpté : Piéta. XVIIe siècle.

65 — Statuette en bois sculpté, peint et doré : saint Jean l'Évangéliste debout, base à rocailles. Travail portugais du XVIIIe siècle.

IVOIRES

66 — STATUETTE en ivoire : abbesse debout, tenant un livre. Travail portugais, XVIIe siècle.

67 — AUTRE : la Vierge de gloire. Mêmes travail et époque.

68 — DEUX AUTRES : le Bon Pasteur. Mêmes travail et époque.

69 — AUTRE : saint Jean. Mêmes travail et époque.

70 — AUTRE peinte : saint personnage debout. Même travail et époque.

71 — AUTRE : la Vierge de gloire. Mêmes travail et époque.

72 — GROUPE en ivoire : la Vierge et l'Enfant Jésus. Mêmes travail et époque.

73 — GROUPE en ivoire peint : la Vierge debout, tenant l'Enfant Jésus. Travail portugais du XVIIe siècle.

74 — STATUETTE en ivoire : saint Jean. Mêmes travail et époque.

75 — Autre peinte : sainte Madeleine. Mêmes travail et époque.

76 — Autre peinte : sainte femme assise, tenant un livre. Mêmes travail et époque.

77-79 — Lot d'ivoires variés : Christ, etc. (Sera divisé.)

80 — Coupe avec couvercle, et coupe sur pied en ivoire.

81-82 — Lot d'ivoires japonais.

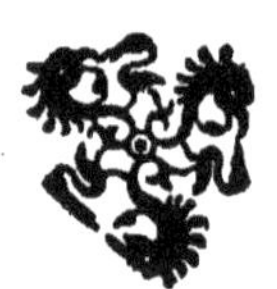

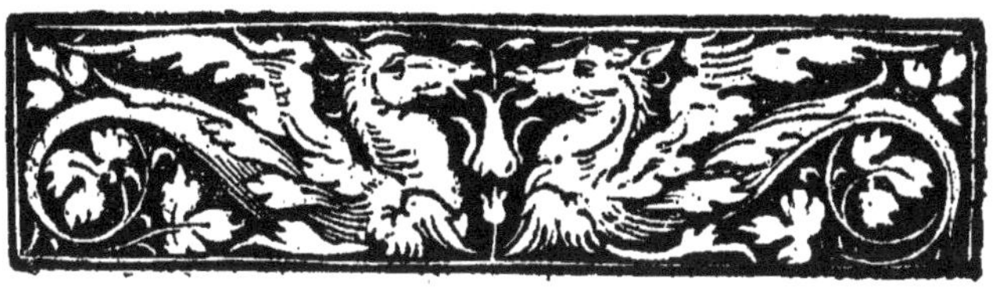

TABLEAUX

Aquarelles — Pastels

DESSINS

BAKALOWICZ (Ladislas)

83 — *Une Chanson d'amour.*

Esquisse peinte sur carton.
Signé à gauche, en bas.

Haut., 34 cent.; larg., 45 cent.

BARRA (L.)

84 — *L'Herboriseur.*

Signé à droite, en bas.

Panneau. Haut., 27 cent.; larg., 13 cent.

BAUD-BOVY

85 — *L'Observatoire du Mont-Blanc.*

Aquarelle.

Haut., 12 cent. 1/2; larg., 17 cent.

BAYARD (Ém.)

86 — Deux dessins à la mine de plomb, pour une illustration du *Nabab,* d'Alphonse Daudet.

CONSTANTIN (Auguste)

87 — *Les Vieilles maisons, à Dieppe.*

Aquarelle.

Signé à droite, en bas, du timbre de la vente.

Haut., 22 cent.; larg., 17 cent.

CONSTANTIN-MEUNIER

88 — *Jeunes femmes dans un parc.*

Pastel.

Signé à gauche, en bas : *M. C.*

Haut., 54 cent.; larg., 72 cent.

DANTAN (E.)

89 — *Baleine échouée à Criquebœuf* (*Calvados*), *le 21 octobre 1893.*

Lavis d'encre de Chine.

Signé à droite, en bas.

Haut., 22 cent.; larg., 35 cent.

DELAROCHE (Honoré-Gaspard)

90 — *Clairière dans le bois de Romainville.*

Signé à droite, en bas, et daté : *1852*.

Toile. Haut., 28 cent.; larg., 46 cent.

DÉNEUX (Gabriel)

91 — *Laveuse au bord du torrent, au Mont-Dore.*

Peinture à l'encaustique.

Signé à droite, en bas.

Carton. Haut., 54 cent.; larg., 46 cent.

DÉNEUX (Gabriel)

92 — *Le Pont Louis-Philippe.*

Peinture à l'encaustique.

Signé à droite, en bas et daté : *1894*.

Carton. Haut., 21 cent.; larg., 31 cent.

DÉNEUX (Gabriel)

93 — *La Plaine.*

Peinture à l'encaustique.

Signé à droite, en bas, et daté : *89*.

Panneau. Haut., 9 cent.; larg., 13 cent.

DETAILLE (Éd.)

94 — *Une Chanteuse.*

Dessin à la plume, fait au Conservatoire, alors que le maître préparait sa grande composition de l'Hôtel de Ville : *Fête de la Garde Impériale, en 1807.*

Signé à gauche, en bas : *Édouard Detaille, 1902.*

Haut., 18 cent. ; larg., 9 cent.

DIEST (Fabius)

95 — *Gondolier à Venise.*

Signé à droite, en bas.

Panneau. Haut., 14 cent.; larg., 10 cent.

ÉCOLE FRANÇAISE

96 — *Vaches au bord d'un étang.*

Panneau. Haut., 28 cent.; larg., 36 cent. 1/2.

ÉCOLE FRANÇAISE

97 — *Le Chemin dans la forêt.*

Panneau. Haut., 15 cent. ; larg., 24 cent.

ÉCOLE FRANÇAISE (XVIIIe siècle)

98 — *L'Entrée du port.*

Toile. Haut., 40 cent. ; larg., 56 cent.

ÉCOLE FRANÇAISE

99 — *Pavots et roses trémières dans une jardinière de faïence.*

Toile. Haut., 1 m. 18; larg., 90 cent.

ÉCOLE FRANÇAISE

100 — *La Ville au flanc de la colline.*

Peinture sur carton.

Haut., 9 cent.; larg., 33 cent.

ÉCOLE FRANÇAISE

101 — *Amour.*

A gauche, en bas, un monogramme formé des lettres *P. V. G.*

Dessin à la sanguine.

Haut., 18 cent.; larg., 25 cent.

ÉCOLE FRANÇAISE

102 — *Étude de tronc d'arbre.*

Toile. Haut., 25 cent.; larg., 15 cent.

ÉCOLE FRANÇAISE

103 — *Un Tronc de saule. Étude.*

Toile. Haut., 26 cent.; larg., 18 cent.

FORAIN

104 — *Doux Pays. Neutralité scolaire.*

Avec cette légende :

— *Vous pouvez l'emmener au catéchisme ; il a de quoi coller le curé.*

Dessin à la plume.

Signé à droite, en bas : *J.-L. Forain.*

Haut., 38 cent.; larg., 28 cent. 1/2.

FORCADE (R.)

105 — *Les Lapins dans la clairière (environs du Faouët).*

Signé à gauche, en bas, et daté : *93.*

Carton. Haut., 24 cent.; larg., 33 cent.

GARNIER

106 — *Rivière au creux de la vallée.*

Signé à gauche, en bas.

Toile. Haut., 38 cent.; larg., 54 cent.

GUYS (Constantin)

107 — Dans un même cadre : cinq croquis au crayon.

HEIDBRINCKS

108 — *Dinette au bois.*

Dessin à la plume, avee des reprises de crayon bleu.

Signé à gauche, en bas.

Haut., 30 cent.; larg., 29 cent.

HERMANN-PAUL

109 —

Dessin à la plume.

Signé à droite, en bas.

Haut., 24 cent. 1/2; larg., 31 cent. 1/2.

IWILL

110 — *Canal San Trovaso, à Venise.*

Signé à gauche, en bas, et daté : *1904.*

Toile. Haut., 39 cent.; larg., 27 cent.

JADIN

111 — *Tête de griffon.*

Dessin au crayon, avec des reprises de sanguine.

Signé à droite, en bas, du timbre de la vente.

Haut., 30 cent.; larg., 23 cent.

LEMPEREUR

112 — *Le Bal des artilleurs, à l'île de la Grande-Jatte.*

Dessin au crayon.

Signé à gauche, en bas.

Haut., 30 cent.; larg., 47 cent.

LUNTLEY (John)

113 — *Les Bords de l'Oise, près d'Auvers.*

Aquarelle.

Signé à droite, en bas, et daté : *1902*.

Haut., 40 cent.; larg., 29 cent.

MAINELLA (R.)

114 — *La Caravane dans le désert.*

Aquarelle.

Signé à droite, en bas.

Haut., 18 cent. ; larg., 35 cent.

PILLE (Henri)

115 — *La Tour de la Cathédrale.*

Dessin à la plume.

Signé à gauche, en bas

Haut., 34 cent. 1/2; larg., 24 cent.

PILLE (Henri)

116 — *La Place Pigalle.*

Dessin d'un menu pour l'*Abbaye de Thélème.*

Dessin à la plume.
Signé à gauche : *H. P.*

Haut., 34 cent. 1/2; larg., 22 cent.

RÉGAMEY (Félix)

117 — *Illustration pour un roman japonais.*

Signé à gauche, en bas.
Lavis d'encre de Chine et gouache.

Haut., 22 cent.; larg., 17 cent.

RÉGAMEY (Frédéric)

118 — *Les Embarras de Paris.*

Au premier plan, Francisque Sarcey.
Aquarelle.
Signé à droite, en bas.

Haut., 20 cent. 1/2; larg., 15 cent.

RIBOT (Th.)

119 — *Tête de paysanne en prière.*

Aquarelle.
Signé à droite, en bas : *T. Ribot.*

Haut., 10 cent.; larg., 9 cent.

ROUAULT (Édouard)

120 — *Château de Cintra.*

Signé à gauche, en bas, et daté : *1887*.

Toile. Haut., 32 cent.; larg., 23 cent.

VAN DRIESTEN

121 — *Turpin dans son laboratoire.*

Enluminure.

Signé à droite, en bas.

Haut., 22 cent.; larg., 15 cent.

VAN DRIESTEN

122 — *Gentilshommes au cabaret.*

Enluminure de forme ronde.

Signé à droite, en bas, et daté : *1893*.

Diam., 8 cent.

VAN DRIESTEN

123 — *Une Chanson à boire.*

Enluminure de forme ronde.

Diam., 8 cent.

VILLÉON (E. de la)

124 — *L'Oise à Saint-Leu.*

Dessin rehaussé de pastel sur papier bleu.

Signé à gauche, en bas.

Daté à droite, en bas : *Juillet 90.*

Haut., 23 cent.; larg., 30 cent.

WILLETTE

125 — *Le Moulin de la Galette.*

Croquis à la plume.

Haut., 19 cent.; larg., 12 cent.

WILLETTE

126 — *Le Courrier.*

Croquis au crayon bleu.

Signé à gauche, en bas : *W.*

Haut., 23 cent.; larg., 18 cent.

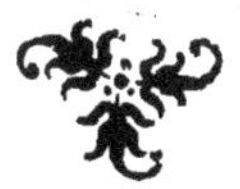

www.ingramcontent.com/pod-product-compliance
Ingram Content Group UK Ltd.
Pitfield, Milton Keynes, MK11 3LW, UK
UKHW020527180726
13839UKWH00005B/2363

9 782329 515960